Téo a une petite sœur

À Elsa et Candice,
deux amours de sœurs.
M.

Un grand merci à Sarah !
E. R.

www.flammarion-jeunesse.fr

Éditions Flammarion – 87, quai Panhard-et-Levassor – 75647 Paris Cedex 13
ISBN : 9782081515284 – N° d'édition : L.01EJEN001813.A003
Dépôt légal : janvier 2021
Imprimé en Espagne par Liberdúplex – novembre 2021
Loi n° 49-956 du 16 juillet 1949 sur les publications destinées à la jeunesse

Téo a une petite sœur

Texte de
Magdalena

Illustrations
d'**Emmanuel Ristord**

CASTOR POCHE

Basil
Réda
Samir
Léo
Selma
Alice
Lou
Fatou
Tim
Mia
Noé
Léa
Ana
Téo
Bob
Luc
Notre classe de CE1

Après l'histoire, tu trouveras des jeux et des activités page 34 !

Ce matin, à peine arrivés dans la cour, Noé et ses deux sœurs foncent sur Téo.

« Ma mère nous a dit ! dit Ana.

– Elle a rencontré ta mère ! ajoute Léa.

– Paraît que c'est pour bientôt ! continue Noé.

– Pourquoi t'en parles pas ? demande Ana.

– C'est une fille qu'elle attend ! affirme Léa.

– Une sœur, c'est pas deux, c'est mieux ! » conclut Noé.

Quand sonne l'heure de rentrer en classe, Téo n'a pas pu répondre aux trois curieux. Il n'a pas eu le temps d'ouvrir la bouche.

La nouvelle fuse comme une fusée.
Elle fait le tour de la classe.
Elle passe par des chuchotis
ou des petits mots glissés aux voisins
et aux voisines.

« On croirait l'arrivée d'une star !
dit Basil quand il l'apprend.
– C'est pas non plus la Coupe
du monde de foot ! » dit Bob.

De son côté, Téo fait la tête.
Sa mère est trop bavarde !
Ça se voit tout de suite qu'elle attend un bébé.
Elle est devenue « grosse comme une jolie baleine », plaisante toujours son père.
Ce n'était pas la peine d'en parler.

Téo pense que sa mère aurait dû lui demander son avis avant de faire un bébé et de le crier sur tous les toits !
C'est vrai quoi, il n'y a que deux chambres chez lui, la sienne et celle de ses parents !
Pas question de partager SA CHAMBRE avec une sœur !

À la récré, Maître Luc vient le voir.
« Alors, j'ai appris la grande nouvelle !
Je te trouvais préoccupé ces derniers temps.
Maintenant, je comprends mieux,
tu t'inquiétais sans doute pour ta maman.
Tu sais, tout va bien se passer !
Et bientôt, tu vas devenir le grand frère. »

Téo n'ose pas dire ce qu'il pense,
qu'il n'en veut pas de ce bébé,
qu'il n'est pas content du tout !
Mais il répond poliment :
« Oui, le bébé va arriver bientôt,
et c'est une fille. »

Autour de Téo, tout le monde parle du bébé.

Téo en veut beaucoup à Léa, Ana et Noé.
Ils n'avaient pas besoin de crier partout
que sa maman allait accoucher.

Jusqu'à présent, à l'école, il était tranquille
car il n'entendait pas parler du bébé.
Mais c'est fini, on dirait !
Il ne sera plus tranquille ici non plus !

Samir vient s'asseoir à côté de lui et dit :
« Moi, je rêve de voir un petit frère ou une petite sœur arriver chez moi. Au moins, ma mère arrêtera peut-être de m'appeler "mon gros bébé" ! Et puis, faire le grand frère, c'est super.

– Bof, dit Léo, qui ne partage pas l'avis de Samir.
– Tu ne voudrais pas d'une petite sœur ? demande Téo à Léo.
– Ben non, je voudrais bien un frère, mais déjà grand ! répond Léo.
– Pff, c'est pas possible ça ! souffle Téo.
– Je sais ! » dit Léo.

Le soir, en se couchant,
Téo pense à ce que lui a dit Léo.
Il s'endort, mais il rêve
que sa petite sœur est un bébé géant.
Elle a un lit à barreaux qui occupe
toute sa chambre et lui, Téo,
n'a plus de place du tout.
Il pousse un cri d'horreur.

Téo se réveille en nage.
Son papa lui caresse le front.
« On dirait que tu as fait un affreux cauchemar, mon garçon. »

Téo raconte son rêve à son père.
Son papa le rassure :
« Tu sais, ta petite sœur ne sera pas plus grosse qu'une crevette.
C'est toi qui risques de l'effrayer.
Et puis, elle ne dormira pas dans ta chambre.
Au début, elle aura son lit dans notre chambre.
– Et après ? demande Téo, inquiet.
– Après, on en reparle bientôt avec maman.
Tu verras, ne t'inquiète pas. »

Rassuré, Téo se rendort aussitôt.

Le dimanche suivant, papa, maman
et Téo mangent au restaurant que Téo adore.

« On a une surprise pour toi, annonce papa,
et ce n'est pas ta petite sœur.
– On va déménager dans quelques mois »,
dit maman.

Le regard de Téo s'assombrit.
Il ne veut pas quitter son immeuble,
ni l'école, ni les copains.
Voilà, à cause de cette petite sœur,
il va tout perdre !

Avant qu'il ne proteste, maman ajoute :
« Tu sais, les voisins vont partir cet été.
Du coup, on va prendre leur appartement.
C'est presque le même que le nôtre
mais en plus grand, avec trois chambres. »
Téo est fou de joie !

VIN DU MOIS

Lundi matin, Téo se sent plus léger,
il sautille sur le chemin.

Il croise Selma et lui dit :
« Tu sais quoi ? On va déménager !
Même que j'aurai une nouvelle chambre,
et le bébé aussi !
– La chance ! dit Selma. Et il va
s'appeler comment, le bébé ? »

Téo réalise qu'il ne sait pas,
car il se bouche tout le temps les oreilles
quand ses parents en parlent.
Il lui semble avoir entendu Marie,
Malie ou Alice…
Il ne sait plus trop, alors il répond :
« On n'a pas encore décidé ! »

Quelques semaines plus tard,
au retour de la cantine, Maître Luc dit à Téo :
« Ton papa a téléphoné, ils sont partis
à l'hôpital ce matin. Tu dois attendre ta mamie,
elle va venir te chercher pour les rejoindre.
Ta petite sœur est née. »

Téo est comme abasourdi !
Il répète :
« Ma petite sœur est née,
ma petite sœur est née. »
Il ne sait pas pourquoi,
mais il se sent tout drôle.

Depuis qu'il a vu sa tête à l'échographie
et qu'il a entendu son cœur, c'est plus pareil,
il a envie de la voir en vrai.

Téo est dans la chambre d'hôpital.
Assis dans le fauteuil à côté du lit, il tient fièrement Malie dans ses bras.
Il dit, ému :
« Elle est toute petite ! »
Malie s'accroche au petit doigt de Téo.
« Oh, elle me tient. Elle a peur que je parte, dit Téo attendri. C'est drôle, elle a déjà plein de cheveux. »
Maman dit à papa :
« C'est fou comme elle ressemble à Téo quand il est né. Mais c'est le modèle fille, cette fois ! »

Ce matin, à l'école,
Téo n'arrête pas de parler de Malie.
Il montre la photo de sa petite sœur
à tout le monde.
« Elle est trop mimi », dit Mia.

Téo est impatient que la journée se termine
pour rentrer vite chez lui. Sur le chemin
du retour, il ne marche pas, il court.

« Attends-moi ! crie Basil.
– Suis pressé, on doit tout ranger
et préparer la maison.
Maman et Malie rentrent demain !
– Ben, je n'y crois pas, tu n'avais pourtant
pas l'air si content de devenir grand frère,
je ne te reconnais pas ! » dit Basil.

Lundi matin,
Téo a bien du mal à quitter la maison.
Il a envie de rester encore un peu avec Malie.
Il a eu le droit de lui donner le biberon,
et il a aidé maman à changer sa couche.
Maintenant, Malie s'est rendormie.

« Tu vas être en retard, Téo,
c'est l'heure de partir », lui dit son père.
Téo lui fait les gros yeux.
« Chut, papa, tu parles trop fort.
Fais attention, tu vas réveiller Malie ! »

Il embrasse sa sœur sur le front
et part en chantonnant :
« Malie, Malie, c'est ma petite sœur chérie ! »

Je joue pour bien comprendre

1 **Trouve les 5 erreurs** dans ce résumé du livre.

Léo est préoccupé : il va avoir une petite sœur et il n'a pas envie de partager sa chambre !
Mais sa maman le rassure : au début, sa sœur dormira dans le salon, puis toute la famille va déménager dans une cabane plus grande avec trois chambres.
Quelques semaines plus tard, la petite sœur de Téo est née : elle est toute petite et elle s'appelle Alice !
Téo est fier de sa petite sœur chérie.

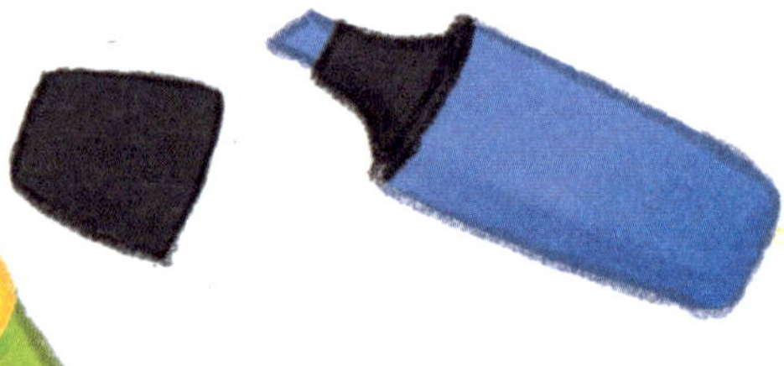

Réponse : Léo = Téo ; sa maman = son papa ; le salon = la chambre des parents ; une cabane = un appartement ; Alice = Malie.

2 **Complète** chaque phrase avec le verbe qui convient.

donne | attend | parle | rêve | ressemble

1. La maman de Téo ...... un bébé.

2. À l'école, tout le monde ...... du bébé.

3. Samir ...... d'avoir un petit frère ou une petite sœur.

4. Malie ...... à Téo quand il est né.

5. Téo ...... le biberon à sa petite sœur.

Réponse : 1. attend ; 2. parle ; 3. rêve ; 4. ressemble ; 5. donne.

Je joue en famille

1 **Relie** chaque mot à sa définition.

1. Enfant unique
2. Aîné
3. Grand-mère
4. Être enceinte
5. Triplés

a. premier enfant qui naît dans une famille

b. mère de notre papa ou de notre maman

c. qui n'a ni frère ni sœur

d. trois enfants nés en même temps, de la même maman

e. attendre un bébé

Réponse : 1-c ; 2-a ; 3-b ; 4-e ; 5-d.

2 La maman de Téo est « grosse comme une jolie baleine » et sa petite sœur n'est « pas plus grosse qu'une crevette ».
Complète ces expressions avec le mot qui convient.

renard — carpe — taupe — agneau — pie

1. Myope comme une ....
2. Muet comme une ....
3. Bavard comme une ....
4. Rusé comme un ....
5. Doux comme un ....

3 **Et toi ? Raconte…**
As-tu un petit frère ou une petite sœur ? Si non, aimerais-tu devenir un grand frère ou une grande sœur ? Si oui, te souviens-tu comment c'était avant sa naissance ?

Réponse : 2) 1. taupe ; 2. carpe ; 3. pie ; 4. renard ; 5. agneau.

Retrouve les histoires de **Je suis en CE1** pour t'accompagner tout au long de l'année dans la maîtrise de la lecture autonome.

Premier jour de classe

À la bibliothèque

La photo de classe

Une dent perdue

Opération jardinage

Allez les champions !

Au poney-club

Tous à vélo !

Billes, toupies et compagnie

T'es plus ma copine !

La gorge qui grattouille

Maître Luc est amoureux

Visite au musée

Téo a une petite sœur

Selma veut danser

Le voyage à Paris

Sortie à la patinoire

Une journée en forêt

Les surprises de Noël

Quelles histoires as-tu déjà lues ?
Quelle est ta préférée ?
Lesquelles aimerais-tu lire ?

Découvre aussi

Les maths du CE1
3 titres parus

Je m'amuse
pour bien lire

Les nouveaux
copains

Si tu veux contacter l'auteure,
tu peux aller sur son blog :
www.magdalena-auteur.com